붉은 꽃 지고

박성숙 하이쿠 선집

붉은 꽃 지고

붉은 꽃 지고
하얀 숨 토했는데
저 그까 참새

| 시인의 말 |

우리나라에서는 많이 읽혀지고 있지 않아 조금은 낯선 하이쿠 선집을 내게 되었다.
하이쿠〈俳句〉는 일본 고유의 단시형문학短詩型文學이니 만치 우리나라에서 많이 보급되지 않았음이 어쩌면 당연하다 하겠다.
그러나 제2차 대전 후에 구미 여러 나라에서도 하이쿠의 번역서 또는 해설서가 꾸준히 간행되었고 지금은 구미에선 'HAIKU'로 중국에서는 '漢俳'로 불리며 자국의 언어로 하이쿠를 지어 즐겨 읽는다고 한다.
그리하여 학창시절 익혀 써 왔던 하이쿠들을 손질하고 또한 새로 지어서 한 권의 책으로 묶기로 했다.

나라가 달라 정서의 차이가 있을 수 있겠으나 인간의 보편적 사상과 정서에는 큰 차가 없으리라 여기며 스스로를 다독이며 용기를 냈다.
큰 이질감 없이 받아 들여 진다면 다시 없는 기쁨이겠다.

'하이쿠 선집'『붉은 꽃 지고』를 출간할 수 있도록 격려하고 도와주신 소재호 호장님, 김 영 회장님, 서정환 사장님께 깊이 감사드린다.
그리고 바쁜 가운데 기꺼이 삽화를 그려준 선기현 전북예총 회장께도 감사하다.

2019년 정초

차례

1부

떡국　12
봄날　13
봄 안개　14
봄비 1　15
봄비 2　16
봄비 3　17
꽃잎　18
꽃잎　19
나물　20
냉이꽃　21
연등　22
죽순　23
고사리　24
호접란　25
오동꽃 1　26
오동꽃 2　27
등꽃　28
제비　29
앵두꽃　30
따뜻한 자비　31
보리 태우는　32
가는 봄이여　33

2부

붉은 꽃 지고　36
하얀 달　37
초록바람　38
철쭉꽃　39
한여름 법문　40
단오절 1　41
단오절 2　42
보리 1　43
보리 2　44
모기　45
망종　46
여름 강물　47
빗물　48
찔레꽃　49
개구리　50
은하수 1　51

은하수 2　52
돌고리　53
어버이 날　54
매미　55
무당벌레　56
반딧불이　57
매미　58
수국　59
산국　60
여름 해　61
서늘한 바람　62
칠석　63
여름 산　64
여름　65

3부

단풍 68
보름달 69
안개 70
노을 71
다신茶神 72
감로다 73
백련 74
가을 홍련임 75
달빛 1 76
달빛 2 77
가을바람 78
석불 79
가을 무 80
차 맛 81
오동잎 82
억새꽃 83
월광충 84
베옷 85
가을 깊은데 86
수탉 87
싸리꽃 88
가을바람 89
서릿바람 90

4부

기러기 92
매화 1 93
매화 2 94
한매 95
고드름 96
초승달 97
세모 98
뜨거운 국수 99
복수초 100
싸락눈 101
찬바람 102
겨울 나그네 103
겨울 비 104

성묘 105
숨버선 106
널뛰기 107
모시조갯국 108
동지 1 109
동지 2 110
눈 111
솜옷 112
폭설 113
동치미 114
눈 내리는 날 115

|발문| 정형시의 한 유형인 하이쿠 세계를 선구함
소재호(시인, 문학평론가) 126

1부

봄

떡국

매화 벙그는
정자가 있는 정원
떡국이 끓는

봄날

봄날 며칠은
꽃 위에 달 쉬겠네
휘파람새야

봄 안개

봄과 함께 온
멀지 않은 동산의
엷은 봄 안개

봄비 1

봄비 내리어
가로등에 감기니
우련한 달빛

봄비 2

봄비 내리니
오두막 아궁이 속
삭정이 활활

봄비 3

봄비에 녹는
잔설이 품고 있는
새파란 이끼

꽃잎 1

봄밤의 연못
꽃잎대궐 지었다
달님이 들 집

꽃잎 2

날리는 꽃잎
졸고 있는 노인의
기쁜 젊은 날

나물

쑥갓꽃 노란
밭이랑 자란 나물
님의 밥상에

냉이꽃

노란 냉이꽃
울타리 가에 앉아
공양이 한참

연등

초파일 연등
천 개의 촛불 탄다
염원은 하나

죽순

비온 뒤 대밭
발부리 솟는 죽순
구휼의 의병

고사리

막덕산 꺾은
고사리 먹으면서
기리는 백이伯夷

호접란

저 멀리 톈산天山
호접란 꽃잎 올라
팔랑 가고파

오동꽃 1

오동꽃 피니
할머니 마른 가슴
무지개 뜨네

오동꽃 2

지는 오동꽃
울 어머니 저고리
옷고름 팔랑

등꽃

등꽃 아래서
릴케의 시를 읽던
그 소녀 등꽃

제비

흐전 지지니
강남 제비 돌아와
삼월 삼진 날

앵두꽃

앵두꽃 그늘
찰랑 넘는 옹달샘
머리를 감는

따뜻한 자비

지고 싶어라
포대화상 보따리
따뜻한 자비

보리 태우는

보리 태우는
연기에 묻혀가는
가난의 흔적

가는 봄이여

가는 봄이여
소쩍새 소쩍 울고
진달래 붉다

2부

여름

붉은 꽃 지고

붉은 꽃 지고
하얀 숨 토했는데
저 꼬까 참새

하얀 달

달아 하얀 달
여름 하늘에 하나
호수에 하나

초록바람

초록바람 속
백발로 살아있음
산의 북소리

철쭉꽃

붉은 철쭉꽃
바람에 휘날리니
무희의 치마

한 여름 법문

찬물에 말아
장아찌 먹는 밥
한 여름 법문

단오절 1

창포물 맞고
제비로 날아오른
단오절 추천

단오절 2

단오선 들고
신선되어 춤추는
요순 노옹들

보리 1

보리 익었다
황금바람 물결이
잠방이 적셔

보리 2

보리 익으니
고봉 보리밥 먹고
모기만 때려

고기

우북한 수수
피란 갔던 마을의
별 같던 모기

망종

망종이라고
보리베라 비베베
바쁜 종달새

여름 강물

여름 강물에
조각배로 흐르는
6 · 25 눈물

빗물

연잎에 내려
흐르지 않는 빗물
선승의 초심

찔레꽃

찔레꽃 위로
은빛 월광 흐른다
하마 백옥경

개구리

개구리 노래
올챙이들 춤추니
웃는 초승달

은하수 1

은하수 강물
쪽배타고 노저어
쌍둥별 찾는

은하수 2

은하수 강에
어머니 쪽빛 치마
물들였을까

돌고래

여름 바다에
솟구치는 돌고래
해를 따려나

어버이 날

어버이 날에
빨간 꽃 나는 달고
흰 꽃 든 설움

매미

고추잠자리
고추 밭 위 날으니
샘 난 매미들

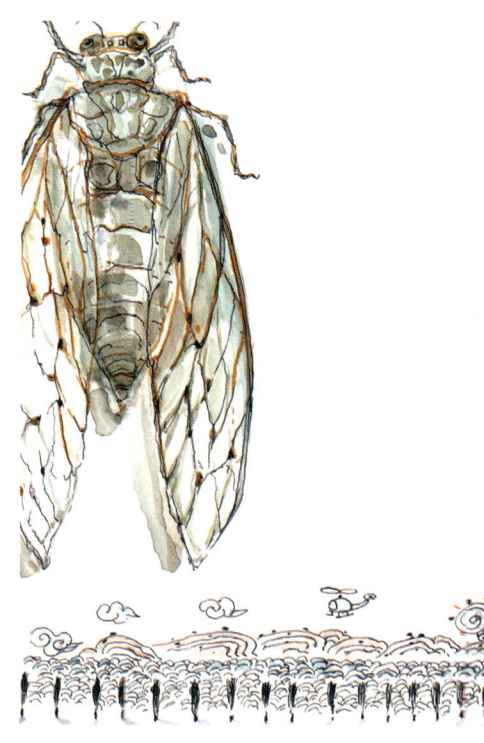

무당벌레

무당벌레는
칠성천도 잘 아는
진정한 무당

반딧불이

반딧불이가
나무마다 불 켰다
그애가 한참

매미

한낮의 매미
귀머거리 노파의
귀청을 뚫어

수국

수국 탐스런
부드러운 꽃무덕
어머니 유방

산국

새봄에 날던
노오란 송화가루
산국 피웠나

여름 해

보말을 따는
할망의 잠수복에
쉬는 여름 해

서늘한 바람

고요하구나
강물에 내려 앉는
서늘한 바람

칠석

모기불 연기
은하수 강 가린다
칠석인 오늘

여름 산

소리를 쳐도
메아리 오지 않는
살진 여름 산

여름

해는 용광로
백일홍 활활피니
여름은 청춘

3부

가을

단풍

안개 낀 강에
붉은 단풍 흐른다
비오리 날개

보름달

개울 보름달
샘태기로 뜬다네
외딴집 사내

안개

안개 걷히고
밝아오는 새아침
청자의 비색

노을

비취 천공에
붉은 노을 흐르니
천도화 핀 듯

다신 茶神

이슬을 모아
감로다를 다리는
저 여인 다신

감로다

백로철 내린
아침이슬 모으니
바로 감로다

백련

백련 꽃송이
푸른 미명 걸리니
천녀의 날개

가을 홍련암

홍염 불 타고
보살 염원 홍엽인
가을 홍련암

달빛 1

도량석 도는
목탁에 부서지는
달빛이 천수

달빛 2

귀뚜라미가
담 밑에서 부르니
찾아온 달빛

가을 바람

가을 바람 색
붉다 하면 희기도
희다면 무색

석불

보리수 잎에
찬서리 내리는데
맨머리 석불

가을 무

가을 무 씻는
손바닥에 감겨 온
아들 종아리

차 맛

차 맛 청량한
백로철 아침 한 때
산사의 선방

오동잎

오동잎 지고
봉황 아니 오는데
춤추는 달빛

억새꽃

억새꽃 피어
꽃잎 이불 덮은 묘
나 들고 싶은

월광충

달 질 때까지
월광충은 운다네
온 몸을 떨며

베옷

새벽달 찬데
동정사 내려가는
객승의 베옷

가을 깊은데

가을 깊은데
우렁 잡는 아낙의
이마엔 땀이

수탉

추수 끝난 논
일족 모두 거느린
수탉의 위용

싸리꽃

무서리 사이
때늦게 반짝이는
싸리꽃 루비

가을바람

억새에 부는
억새보다 쓸쓸한
가을 바람아

서릿바람

서릿바람에
떨어진 감잎 뒤에
무당벌레가

4부

겨울

기러기

동천을 나는
기러기 울음 아악雅樂
구만리 나는

매화 1

설한풍 속 핀
고고한 매화 자태
선구자 기상

매화 2

매화 향기에
놀라서 돌아보니
뽀얀 봄구름

한매

좋은 가지에
살풋이 앉은 한매
나빈가 했네

고드름

내 마음 맑아
고드름으로 얼면
여름새 주리

초승달

저녁 예불 뒤
보리수 가지 걸린
초승달 문수文殊

세모

하나씩
잊혀져 사라지는
쓸쓸한 세모

뜨거운 국수

△풍 매운데
느인 눈물 떨어진
뜨거운 국수

복수초

눈속에 노란
복수초 떨어졌다
햇님의 선물

싸락눈

싸락눈 맞고
썰매타고 오던 길
황소 달구지

찬바람

마른 들판에
몰아치는 찬바람
들쥐 날겠네

겨울 나그네

된장국 냄새
다른 입술 적신다
겨울 나그네

겨울비

겨울비 맞고
쌀자루 메고 가는
산동네 남자

성묘

올린 술잔에
눈꽃 내려 앉으니
님이 오신 듯

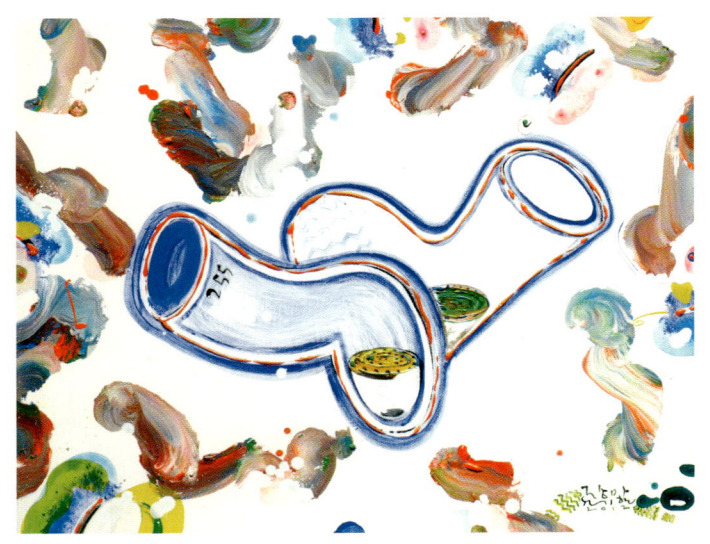

솜버선

하얀 솜버선
반달이 두 개 붙은
어머니 온 맘

널뛰기

설날 보름날
달처럼 환히 입고
널 뛰던 아이

모시조갯국

모시조갯국
움파를 넣어 끓인
우리집 냄새

동지 1

동지 지나니
한 뼘은 낮이 길어
바빠진 햇님

동지 2

동지 팥죽 속
새알심 세며 먹던
귀여운 시절

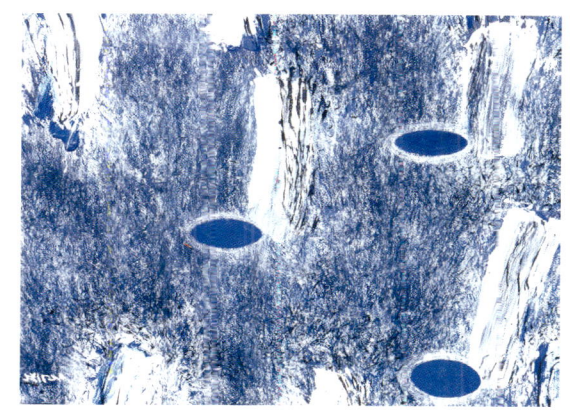

눈

겨울나무에
분분이 내려 앉은
눈 배꽃이야

솜옷

이불을 뜯어
군인가는 아들의
솜옷 진 어미

폭설

긴밤의 폭설
아파트 늙은 솔의
가지를 꺾어

동치미

동치미 얼음
어머니 얼굴 비쳐
톡 쏘는 그리움

눈 내리는 날

눈 내리는 날
멋쟁이 백할미새
기다리는 나

特選 ── 朴性淑

四季の俳句
（しき）（はいく）

꿩이 노니는
들녘에 피어 있는
민들레 꽃아

春

稚(きじ)あそぶ野原(のはら)に咲(さ)いたたんぽぽよ

季語（たんぽぽ）

백련에 내린
파아란 미명인가
천인의 나래

夏

白蓮に蒼き未明の天衣

季語（白蓮）

오동잎 하나
질 때마다 울어대는
귀뚜라미야

秋

桐一葉散るたびに泣くきりぎりす

季語（桐一葉）

눈이 내리네
마른 나무 가지에
피는 매화야

雪ふるや枯木の枝に咲く梅よ

季語(雪)

| 발문 |

정형시의 한 유형인 하이쿠 세계를 선구함
― 박성숙 시인의 시, 정화를 거친 심미적 정서

소재호(시인, 문학평론가)

　진정한 문학은 생명이 오래도록 시들지 않고 영속된다고 한다. 대개는 고전일 터인데, 고전의 특성을 일러 항구성, 보편성, 개성 등으로 요약한다. 이러한 견해는 미국인 윈체스터란 문예비평가가 내세운 주장이다.
　항구성이란 시간적 배경을 전제로 한 말로서, 고금을 통시적으로 꿰어 관통하는 문학성을 일컬을 것이며, 보편성이란 공간적 배경을 전제로 한 말로서 동서양의 지역적 환경적 경계까지 넘나드는 공유 공감의 문학을 일컬음에 다름 아니리라. 한편 개성은 시공의 변별성에 따른 문제가 아니라 순전히 작가 정신의 문제이다. 철저히 창작되어져야 하며 이 세상에서 유일무이한 특별한 체질의 독존적 예술 작품으로서 작가의 창조된 세계의 구현이라야 된다는 강조의 의미를 담는다. 사실 동서고금을 통하여 언제 어디서나 공명共鳴되며 감동을 일으키는 문학이 불후의 고전인데, 그 속성을 가만히 들여다 보면 이는 결국 인간 정서의 문제인 성싶다. 그러니까 세 가지 전제들을 만족시키는 필요 충분 조건은 기막힌 감동을 뿜어내는 정서의 창조인 셈이다.

　정서는 시대나 역사가 흘러도 본래적인 상태가 불변하여 영속된다. 공간적으로 다른 나라, 다른 민족의 문학일지라도 그 속에 내포되어 있는 정서에는 공감된다. 예컨대, 사랑, 운명, 꿈, 이상, 죽음, 비극, 공포, 경이감, 노여움, 기쁨, 반가움, 설렘, 애상, 슬픔 등등 그 종류가 천만 가지일 터이다. 가령 사랑 하나만 가지고도 별별 이색적인 사랑으로 분류되지 않던가.

　정서는 외부 자극된 사실로 출발하여 작가에게 자각되고 심리적 내부의 변화를 거쳐 구체적 정서로 형상을 짓는다. 정서는 미적 경로를 밟아 미적 정서로 승화되는 바 문학 작품 속에서 개성을 지닌 심미적 영혼의 자아가 문학 작품의 외연으로 표상되는 데에 이 정서적 문제가 그 결정結晶에 기여한다.

　지금 왜 하이쿠인가? 하이쿠가 고전의 반열에 오른 유수한 문학 장르란 관점으로 출발한 것은 아니고, 최소한 한 민족을 몇 백 년 동안 아름다운 정서로 물들게 한 소이라는 점으로, 그 문학이 항구성과 보편성을 띤 품격 있는 문학의 한 맥락임에는 틀임없다는 점으로, 또한 세계의 어떤 문화 문명도 그것이 양질의 양태이거나 만인 공유의 인간 정서로서 손색이 없다면 이를 받아 들여 문학의 저자에 끌어내어 한 모서리에 좌판을 벌리게 하는 것이 합당하지 않는가. 하이쿠가 일본말이긴 하지만 구태어 무슨 말로 번역해야 당위성이 있는 것인가?

127

일본 민족의 정신을, 그들의 얼을 숭배하여 우리의 들끓는 심장에 들어 붓자는 것은 결코 아니다.

　그저 낭만적이고, 아름다운 자연관이며, 인간의 보편적 향그러움이며, 이웃을 눈여겨 가만히 시선 머물게 하는 자애로움을 우리 안에 끌어다 바람직하게 키우자는 것이다. 계절마다 절후마다 굽이치는 우주 섭리를 하이쿠란 예쁜 종기 그릇에 담아 아름다운 향기도 맡고 만지작거리며 즐기고 누리자는 것이다. 또한 하이쿠의 특질을 살펴 보면 그 나름대로의 장점이 많아 유별난 감흥을 느낄 수 있어서 우리네 북치고 장구 칠 때 날나리도 한바탕 끼워 넣을 필요가 있지 않을까 하는 소위 문학적 변용을 기약하기도 한다. 하이쿠는 사실 절묘한 위트나 해학성이나 즉흥적으로 스치는 아이러니 등의 테크닉도 특별하지만 풍자성을 함지하므로서 품격 높은 시향詩香을 감응하게 된다. 심오한 철학까지는 아닐지라도 비오秘奧한 내포를 끌어내 음미하노라면 가만해 깨달음의 법열法悅도 누리게 될 것이다. 암시하고 상징하고 다시 연상하고 비약하며 짧은 시형 속에서 다양, 다의多義를 획책한다. 저 천둥 치듯 평정을 뒤집는 전복은 재치 부림의 전범인 것이다. 음성률을 표방하며 기막히게 언어를 유희하며 감흥을 자아내게 하기도 한다.

　짧은 시형이 무한 의미를 응축시키며 시가 갖추는 특성에 가장 전형임을 스스로 증명해 낸다. 우리 민족의 탁월한 풍유와 풍류를, 그리고 빼어난 품격의 정서를 이 그릇에 담아 더욱 승화된 문학 예술의 궁극을 이뤄내야 할 게 아닌가.

이럴 즈음 젊은 시절 일본에 유학하여 문학 공부하며 하이쿠를 노트 갈 피갈피에 습작했던 박성숙 시인이 그의 작품들을 노년에 끄집어 내어 고운 볕에 내걸어 놓고자 한다. 필자는 진심으로 동의하고 그 뜻에 공경을 표했다. 독자님들이여! 읽어 보시라. 작품 하나하나가 인자한 우리네 어머니 눈웃음이며, 시린 냇물에 얹혀 떠나가는 낙엽 하나하나에 안쓰러이 시선을 던지는 작가의 데리케이트한 여심임을 읽어 보시라.

박성숙 시인은 이미 수필가요 시인이다. 그것도 수필의 진수를 빚는 수필가로서 운필의 최상의 경지에 이른 문사이며. 또한 시 창작에서도 이 분야에서의 젊은 엘리트들 자질을 능가하는, 그런 수준을 이미 넘어선 시인인 것이다. 한편 연세가 지긋할 즈음에 탁월한 시인의 경륜을 펴고 있으므로 참으로 안타깝기 이를데 없는 것이다. 만약 조금만 더 젊으셨다면 우리 한국 문단에 칠성철도처럼 큰 빛을 드리울 텐데 하는 아쉬움을 갖는 점 때문이다.

박성숙 시인에게서 읽히는 바, 경외스러운 면모는 저러한 문학적 성취 말고도 인간적 경륜의 빼어남인 것이다. 속세에 뿌리를 두었으되 스스로 돌올하게 봉오리 솟는 연꽃 같은 이미지이다. 부정적인 것, 사악한 것, 어둡고 침울한 것… 모든 것으로부터 점염을 거부한 채 당신 특유의 빛깔을 챙기며 은은하게 기품을 뿜으며, 인간적 자애로 이웃을 품는 바, 그 아우라가 사뭇 경외스러운 것이다. 수면의 만파를 다스리는 식적息笛의 울림으로 연꽃은 피어서. 창랑의 굽이굽이에 인연을 얹고 있는 것이다. 말하자면 박성숙 시인은 시인의 품격을 먼저 갖추었다는 의견에 다름이 아니다. 그리하여 그가 창달해 내는 시의 세계가 밝고 맑으며, 전아典雅하고 기품 있으며, 정화와 승화를 거쳐 정갈한 은쟁반에 연꽃 한 송이로 받쳐진 것이다.

　신비한 숲을 가로질러 꼬까참새 한 마리 비치어 내리는 듯, 그 새 울음은 선경의 선율인 듯하다.

　이 장르를 끌어들임은, 어떤 깊은 사상, 무슨 이데오르기가 필요해서가 아니다.

　우리 민족 고유의 종교인 유·불·선이 고루 배어 있으되 종교에 깊이 함몰되어 가왈부왈하는 것도 아니고 우리네 평범한 서민들의 인생살이를 곱게 읊고 있는 것이다. 구태어 시 속에 응축되어 담긴 의미라 한다면 감성과 지성의 등가적 융합 형태로 아우라를 내뿜고 있을 뿐이다.

　그리고 박시인께서 형상해 낸 하이쿠 시형 또는 시의 특질을 감상하고 관찰해 보면 매우 신묘하게 시의 형태를 취하고 있음에 감탄한다. 우리 민족 고유의 문학 장르라고 말하는 시조와 유사한 점이 많은 동시에 또한 상이한 점도 여러 가지 감지된다. 우선 유사한 점이란 음운의 절묘한 구성으로 음악성을 높인다는 점이다. 시의 삼요소라 일컫는 음악적 요소, 의미적 요소, 회화적 요소가 함께 융합하고 있는 점도 가장 돋보이는 장점이다. 우리 문학의 고대나 근대에 음수율로 7.5조, 6.5조, 4.4조 등으로 연첩하는데, 하이쿠에서 5.7.5로서 7.5조의 음수율을 갖춘다. 다시 음성율이나 음위율도 리듬 음조의 조성에 기여한다.

　하이쿠는 매우 형식을 중요시하는 정형시이다. 그러면서 꼭 계절의 풍

광을 자아내는 계어季語를 내장한다는 점과 우리네 시조가 시절가조時節歌調의 준말로서 시절 즉 절후에 따른 노래에서 유래한 점이 같아 그 태생적 발원의 유사함으로 나란히 견주어 볼 수 있겠다.

모든 시가 문학이 자연과 인간을 모사하고 이를 언어 예술로 형상화한다는 점에서는 이론이 없겠으나 시조가 서정성 외에도 연군戀君의 정리를 담는 등 목적 지향의 내용이나 유교적 덕목을 담기도 하는 등 다양한 정조를 읊는 데에 반해 하이쿠는 대개 자연 귀의나 심미한 인간 정서를 읊는 경우가 더 많아서 문학 본향에 치우친다고 보는 견해가 우세한 편이다. 가령 음유시인의 행장처럼 유랑 가객의 노래가 일본 고대에 특히 많이 향유되고 있음을 바쇼를 비롯한 몇몇 시인에게서 발견되는 것이다. 시조와 하이쿠 중 어느 쪽이 더 문학성이 높으냐 하는 질문은 우문일 터이고, 각각 나름의 경역에서 최상으로 지선극미至善極美의 단계에 도달하면 그 가치나 효용성은 높게 이뤄지는 것이다.

다만 우리나라 시가 문학의 무한 지평을 열어 가기 위한 선모善謀로서 하이쿠의 도입과 전래를 소망함에 다를 바 없다. 향가나 경기체가나 가사나 고려 속요를 비롯한 고대 시가 장르가 현대에 소멸되어 버린 상태에서 오히려 변용된 장르들의 등장은 매우 의미 있는 문화적 성과라 아니할 수 없다.

사실 정식으로 자신 스스로 하이쿠 창작 시인이 되어 한 권의 시집을 묶어 내는 것은 다음 세기로 넘어가는 문화융성의 전기를 맞이함에 있어서 선구자적인 공헌일 것이다.

우리나라 문단에 신선한 횃불을 든 박시인의 용기에 경의를 표한다.
다음은 필자 편의로(임의로) 시 몇 편을 골라 깊이 감상해 보고자 한다.

    봄날 며칠은
    꽃 위에 달 쉬겠네
    휘파람 새야
            「봄날」

화조월석花朝月夕이라는 말로 우리네 선인들은 '하루'를 미화했다. 꽃 피는 아침부터 달 뜨는 저녁까지라는 말인데 결국 '아름답고 즐거운 하루'라는 의미를 담는다. 이 시에서는 한 낭만적인 가객의 하루로서, 봄날의 춘흥을 온 몸으로 노래 부르는 〈시가를 읊는〉 자아가 휘파람새로 치환하여, 구십춘광九十春光을 풍류로 즐김을 표상한다.

달이 꽃 위에 와서는 그냥 지나치지 않고 머물러 완상의 즐거움에 빠져 있음을 '쉰다'로 표현한다. 거칠고 이지러진 일상에서 벗어나 풍광이 흐드러진 봄날 휴가를 즐기는 '전환의 시점'을 암유하고, 이러저러한 배경에 상응하여 휘파람새가 춘흥을 적극적으로 표현한다. 여기서의 꽃 빛깔을 교교한 달빛에 호응하는, 하얀 꽃 무더기라야 제격일 터이다. 애상적인 풍정은 아니고 설렘과 들뜸, 그리고 넘치는 낭만이 이 시의 정조이다.

오동꽃 디니

할머니 다른 가슴

무지개 드네

「오동꽃 1」

'한 송이 국화꽃을' 피우기 위해 소쩍새 울고 천둥도 울었다, 하였듯이 할머니 가슴에 무지개 뜨게 할려고 오동꽃 피는, 확대해 보면 불교적 연기설緣起說에 입각한다.

『붉은 꽃 지고』의 시집을 엮음에 있어서 춘·하·추·동 네 계절로 묶어서 '계절의 노래'임을 확연히 부각하려는 의도도 참신한데, 인간 생애의 기승전결로도 보거나 또는 세상사 흥망성쇠로 보임직도 하지만 박시인의 시들 전반은 대개, 겨울에 해당한 시일지라도, 기쁨, 설렘, 감동, 흥겨움 등의 정서를 대부분 담고 있다. 더러는 인간무상이나 허무나 도교적 무위無爲를 형용하기는 해도 과도한 센티멘탈에 젖지는 않았다. 그저 초연하거나 달관한 심정으로 보는 것이 타당할 것이다.

「오동꽃 1」에서 춘수는 만사택春水滿四澤하듯이 매마르고 건조한 눈에 봄비 와서 가득가득 출렁임처럼 매마른 가슴의 정서에 오동꽃으로 근원하여 무지개가 뜬다 함은 정서상의 회춘인 셈이다. 할머니가 봄 뜨락에 내려 오동꽃을 보며 소녀적인 감상에 젖어 가슴 설레는 모습의 형용이 그림처럼 클로즈업된다.

지는 오동꽃

울 어머니 저고리

옷고름 팔랑
「오동꽃 2」

다시 오동꽃이다. 앞에서는 피는 오동꽃이고, 뒤에서는 오동꽃이 진다. 꽃이 지므로 서운커나 애절함을 징표 하는 것은 아닌듯하고 다만 '진다'와 '팔랑거림'으로 연쇄되는 동적 이미지가 여기서는 강조되고 있다. 허공을 곱게 선 치며 내리는 오동꽃과 어머니 가슴에서 흘러내리며 팔랑하는 아름다운 선율이 서로 상승적 조화를 이룬다.

　오동꽃 빛깔, 오동꽃 빛깔의 옷고름은 상호 교집합으로 연계하며 곱고 아름다운 어머니의 마음을 연상시킨다. 한발짝 더 나아가면, 곱던 젊은 시절의 어머니가 오동꽃을 매개로 한 자락 영상인 채 오버랩 되는 것이다.

붉은 꽃 지고

하얀 숨 토했는데

저 꼬까 참새
「붉은 꽃 지고」

꼬까참새는 되새과의 새로 참새목이며 붉은 갈색을 띠며 암수가 약간 차이는 있으나 매우 예쁜 새이다. 붉은 꽃 지는데, 그 반향처럼 또는 반전으로 꼬까참새가 나타남으로 묘한 대칭이 성립한다. 붉은 정적인 것의 소멸이 붉은 동적인 것의 태동을 불러 온다. 하얀 숨은 꽃 진 뒤의 여운이거나 약간의 서운함이 내포된다.

그러나 왈칵 사야에 파장으로 대드는 고운 새의 아우라는 절묘한 반전이다. 꽃이 지면서도 열매를 기약하듯이 다시 더 크게 붉은 율동의 확실한 생명력을 예비하는 것이니 이 신묘한 연계로 시적 결기가 너무 충만하다.

붉다가 하얗다가 다시 붉어지는 진행, 정적 대상이 동적 대상으로의 전환, 시각적인 데서 청각적인 데로의 변환, 잠시 휴지를 둔 하얀 숨… 그리고 뭐니뭐니해도 꼬까 참새를 소재로 데려다 쓰는 기발한 천재성에 전율을 느낀다. 붉은 꽃과 붉은 새의 앙증맞은 표상이 참으로 선연하다.

> 망종이라고
> 보리베라 비베베
> 바쁜 종달새
> 　　　　「망종」

망종 때는 참으로 바쁘다. 보리 수확하고 바로 봇물 잡아 넣어 모내기를 서둘러야 할 참 초여름의 서경이 눈에 선하다. 이때 종달새는 더욱 바쁘다. 들녘을 차고 올라 푸른 하늘을 펼치는, 몇 옥타브 채 오르락 내리락 하늘 저 천명의 악성…

보, 베, 비, 베, 베, 바… 이들 입술소리의 바쁜 연환, 언어의 유희가 너

무 휘엉청하다. 여기에서는 핍진之盡한 가난은 보이지 않는다. 보리가 생산되어 보릿고개는 아닌 것이다. 농촌의 활기찬 정경, 게으름이 하나도 보이지 않는 기운 넘치는 농경의 활달함도 베어 나온다. 음성률, 음위률, 음수률이 모두 모여있다. 비베베는 중의법이다.

 그러나 이 시의 정서와는 무관하게, 왜 오늘날은 종달새가 없는가? 음울한 하늘을 공포스럽게 쩌렁쩌렁 우는 천둥소리는 말고, 초여름 화려한 기상으로 푸른 하늘을 통째로 울림통 만드는, 음악이 종달새 울음에서 비롯되었다는, 그 전설의 종달새는 왜 우리 곁에 보이지 않는가?

 참으로 애통하다. 그런데 박시인께서 잠시 종달새를 끌어와 우리 나이든 세대를 사뭇 흥겹게 하였다. 감사하기 그지없다.

    무당벌레는

    칠성천도 잘 아는

    진정한 무당
          「무당벌레」

 우리 민족에게 고대 이래로 칠성신앙이라는 매우 특이한 신앙이 있었다. 우리 조상들은 인간의 길흉화복은 물론 수명까지도 칠성님이 주관한다고 믿었다. 칠성의 천도가 우리 민족에게 계시되는 천도였다. 우리가 천손민족이라 일컬을 때, 바로 이는 칠성의 자손임을 말하는 것이다.

 무당벌레는 등판에 여러 점을 찍고 있어서 소위 칠성판으로 환원할 때

불두칠성으로 그 이미지가 연결된다. 칠성신앙은 미신이다. 그러나 위대한 우리의 민속 신앙이다. 민속 신앙을 구현하고 신계神界와 인간계人間界를 잇는 사도의 구실을 한 신분이 무당인 바, 칠성천도와 무당벌레의 연계는 기상천외한 발상이며 한편 매우 공감되는 시의 질료인 셈이다.

무지한 곤충을 천도를 잘 아는 존재로서 승화시킴은 그의 붉은 등판에 찍힌 검은 점 등으로 아름다운 모습을 띤다는 점과 진딧물을 잡아먹는 익충이란 점으로 비약을 거쳐 신격화 시켰으리라.

그러나 부처님이나 하느님에게 까지 비유시키는 것은 너무나 무리일 것이다. 그래서 여기서도 한계를 두었다.

    홍엽 불 카고
    보살 염원 홍엽인
    가을 홍련암
        「가을 홍련암」

이 시는 '붉다' 가 전체의 배경이다. 붉음으로 연쇄되는 온 세상 가을의 서경이 흠뻑 배어난다. 생경한 것, 미진한 것, 또는 불완전한 것들이 일시에 채워짐과 완숙함과 완결함으로 변환함을 가만히 내포한다. 음성률이 가지런히 배열된다. 엽, 염, 원, 엽, 련 등으로 이어짐이 그것이다. 여기서도 가볍게 연기설이 내비친다.

>   가을 바람 색
>
>   붉다 하면 희기도
>
>   희다면 무색
>
>   　「가을 바람」

　바람이 색상을 띠다니? 바람이 계절을 좇아 빛깔 변함이 보여진다는 것은 시인의 눈에만 해당되는 이야기이다. 가을은 한편 쇠락과 영락의 계절이다. 무너짐이요 몰락함이다. 결기는 줄고 이완하는 절후이다. 왕성했다가 희박했다가 없어짐의 과정이다. 색즉시공色卽是空이다.

　1인칭 관찰자는 세상의 변화와 자연의 변이를 민감하게 투시하면서 가만히 '존재와 무'에 대하여 사유思惟하고 있는 것이다. 대구법과 연쇄법으로 기교를 부린다.

　가을의 자연 변화를 존재의 표상인 색깔의 변이를 표현하는데, 그 색상이 바람에 반영된다고 보았다. 가을 바람은 여러 가지 형용을 띤 계절의 전령사인 셈이다.

>   동천을 나는
>
>   기러기 울음 아악雅樂
>
>   구만리 나는
>
>   　「기러기」

겨울 하늘은 구만리 장공, 존재의 무한 변호와 아무것도 존재하지 않는 허공을 동시에 의미한다. 겨울 이야기는 무허의 광장에서 기러기가 쓰고 있다. 천지 고요한 가운데 오직 기러기의 아악만 적막을 깬다.

여기서 주목할 것은 아악의 중의성重義性이다. 기러기 울음이면서 고려·조선 시대 궁중 음악으로서의 아악인 것이다.

심오하며 그윽하며 신비한 한국 고유의 음악인 바, 비취색 하늘을 굽이치는 아름다운 선율인 셈이다. 중의나 암유도 함께 상징에 포함된다. 따라서 이미 다의성多義性도 띤다. '아악'은 그러므로 기러기 울음, 음악의 가락, 우주의 섭리, 생명의 서장, 봄을 부르는 전도의 형상 등 소리이면서 신성한 몸짓이기도 하다.

      겨울비 닿고
      쌀자루 메고 가는
      산동네 남자
            「겨울 비」

겨울비는 한기를 이끌어 온다. 세상은 삭막하고, 황량하고 춥고 배고프다. 사람과 사람 사이도 소원하다. 그럴 때 쌀 한 자루를 얻어서 메고 산고개 넘으면서 가족 배불릴 일만 골똘하는 한 사내의 발걸음은 희망에 넘친다. '비'라는 역설적 상황이 극복되는 전기이기도 하다.

한 가정을 책임지는 가장의 의연함이 부각된다. 자신이 처한 불우한 처

지는 돌볼 겨를이 없다. 가족 사랑이 눈물겹다.

   올린 술잔에
   눈꽃 내려 앉으니
   님이 오신 듯
      「성묘」

 성묘하자 눈발도 마침 때맞춰 내리는 것이다.
 눈이 아니라 눈꽃이다. 차운 계절의 상징인 눈이 아니라 반가움이 서린 환영의 대상으로서 눈꽃인 것이다.
 지성至誠하니 감천感天인 셈이다. 그런데 이 눈꽃은 내 지성에 감응한, 내가 섬기는 임인 것이다. 윤회요 연기이다. 올린 술잔을 받아 음복飮福이나 하듯이… 결국 내 정성이 산천을 감복시키고 드디어 하늘 명계冥界에 울림을 주게 된다는 내포이다. 추운 계절이 내 따뜻한 영육에 합일 융합됨을 에둘러 암시하고 있다.

   눈 내리는 날
   멋쟁이 백할미새
   기다리는 나
      「눈 내리는 날」

백할미새는 척삭동물, 조류, 참새목, 참새과의 새로 몸의 깃털이 검은 쌕(회색)과 흰 색이 서로 어울리는 형색이다.

이 시는 대단원의 막을 내리듯이 계절의 종장에 등장한다. 우중충하고 우수어린 검은 하늘에서 희빛을 띠며 허공을 가차없이 갈아내리는 눈발… 그 눈발 속에 내가 바로 한 생애 기다리던 존재의 백할미새인 것이다.

백할미새는 멋쟁이라 했다. 어떤 불길한 운명으로도 가학되지 않는 의연한 멋쟁이 인생… 그 새는 바로 시적 자아의 변신이자 작가 자신일 수 있겠다.

속세의 일에 억매지 않고 어떠한 악조건도 뛰어 넘어 초연하게 정좌한 자신… 그런 자신의 종말을 설정하고 눈발을 기다린지도 모른다. 아이러니함을 극복하고 돌올하게 중령수고송冬嶺秀孤松인 자태이다.

눈 맞으며 천 년 푸르름으로 고개를 넘는 그 지점에 곽성숙 시인은 독존자로서 백할미새인 것이다.

곽성숙 시인은 한국적 하이쿠의 출발점에 선다. 일본 하이쿠의 답습이 아니라 한국적 정서의 하이쿠의 개척자이며 선구자로서의 창작인 것이다. 우리나라에 영특한 한 문학 장르를 펼치는 것이다. K팝이 세계를 휩쓸고 있을 때 우리 민족의 가슴가슴은 새로운 정서 새로운 모랄도 보듬어야 한다. 필자가 문단 끝자락에서 우러르며 경의를 표하는 이유가 박성숙 시인의 저러한 점들이다.

박시인의 강녕하심과 문운 창성을 진심으로 기원한다.

박성숙 하이쿠 선집

붉은 꽃 지고

인쇄 2019년 1월 21일
발행 2019년 1월 30일

지은이 | 박성숙
발행인 | 서정환
펴낸곳 | 신아출판사

주 소 | 전북 전주시 완산구 공북1길 16
전 화 | 063-275-4000 팩스 063-274-3131
출판등록 | 제465-1984-000004호
인쇄 · 제본 | 신아출판사
이메일 | sina321@hanmail.net

저작권자 ⓒ 2019, 박성숙
이 책의 저작권은 저자에게 있습니다.
서면에 의한 저자의 허락 없이 내용의 일부를 인용하거나 발췌하는 것을 금합니다.

ISBN 979-11-5605-594-5 03810

값 15,000원

「이 도서의 국립중앙도서관 출판예정도서목록(CIP)은 서지정보유통지원시스템 홈페이지 (http://seoji.nl.go.kr)와 국가자료공동목록시스템(http://www.nl.go.kr/kolisnet)에서 이용하실 수 있습니다.(CIP제어번호 : CIP2019001669)」

Printed in KOREA